AF226833

LAYA

L'ARMÉE NOIRE

« ... Hommes noirs ! d'où sortez-vous ?
BÉRANGER.

PRIX : UN FRANC

DERNIÈRE HEURE

31 octobre 1873.

La lettre de M. le Comte de Chambord, publiée au moment où nous faisons imprimer cette brochure, replonge le parti légitimiste dans le néant, d'où il s'était efforcé de sortir.

Il n'en surnage qu'un honnête homme : M. LE COMTE DE CHAMBORD...

Cette lettre tue le parti orléaniste; car le *jeune* comte de Paris, s'il n'est pas tombé dans un piége de la façon des jésuites, a désormais perdu toute chance.

Il s'est proclamé *naïvement* le futur héritier des *Roys de l'ancien régime*, par son éclatante adhésion.

Au reste, les *quarante millions* sont bien faits pour consoler la branche cadette.

Amen !

Mais maintenant, prenons-y garde !

Les jésuites restent, et MM. les légitimistes, dont les jésuites sont les soldats, n'abandonnent pas la partie.

Au moment où les ennemis de la République profitent
de la tolérance privilégiée qui leur est accordée, pour
lever la tête, et, par tous les moyens possibles, cherchent
à faire reculer la France de 1789 jusqu'aux *meilleures*
époques du *moyen âge* et de la *Ligue,* quoiqu'ils le nient,
il nous convient de signaler à l'attention publique les
soldats les plus redoutables qui jamais aient été disci-
plinés ; nous voulons parler de ces hordes du clergé, dont
le nombre et l'audace croissent chaque jour ; et que nous
appellerons de ce nom :

L'ARMÉE NOIRE !!

L'ARMÉE NOIRE

Nous allons étudier leurs évolutions, la stratégie puissante qu'ils sont depuis longtemps en voie de préparer pour saper dans leur base les principes de la Révolution et qui deviennent, de nos jours, les instruments *armés* de cette *guerre civile* sourde dont les monarchistes sont les marionnettes, mais dont les *soldats noirs* sont les rouages..... et cela, non pas d'hier, non pas du commencement de notre première lutte contre les abus détruits il y a 84 ans, mais depuis le jour à jamais fatal où la puissance *spirituelle* a voulu dominer dans les affaires *temporelles* du monde politique.

*
* *

Comme nous avons affaire avec un parti dont la puissance a des racines d'une profondeur qui échappe au calcul, racines souterraines, qui semblent, de temps en temps, sortir de terre pour enlacer dans son réseau la race humaine, sa proie, nous devons analyser, avec certitude, des progrès admirablement préparés par une conspiration qui date de près de quatre siècles en arrière, et qui, chose étrange! ne s'est pas démentie un seul instant.

Avec quelles ressources, quelles armes, avec quelle habileté ou bien plutôt avec quelle énergie et quel courage il nous faut combattre cette puissance de géant :

C'est là ce que nous devons examiner.

Car il y a urgence! urgence extrême!...

Le flot monte, monte sans cesse! nous serons engloutis à jamais, si nous n'opposons à cette force immense, à ce monstre que Neptune n'eût pas prévu, la force d'une autorité indomptable, puisée dans l'application définitive et dictatoriale des principes de la Révolution de 1789.

Nous allons toucher à une question bien délicate; nous allons aborder la solution d'un problème hérissé de difficultés; mais nous croyons trouver dans notre foi Républicaine, sagement, honnêtement, simplement inspirée, des arguments qui convaincront les hommes probes et énergiques que nous convions au plus généreux de tous les combats, à la plus loyale des luttes, le combat, la lutte ouverte, à armes blanches, qu'il est de notre patriotisme de livrer à cette armée effrayante, envahissante, terrible... et pourtant peu redoutable devant l'énergie... que nous avons appelée *l'armée noire !*

Et d'abord, qu'entendons-nous par ces mots : *armée noire ?*

Nous le déclarons très haut et très ferme :

Nous n'avons ni assez de science, ni assez de crédulité puérile, pour nier *Dieu*, ou pour affirmer les *miracles*.

Entre *Dieu*, c'est-à-dire une pensée qui élève l'âme vers un inconnu consolant, et ces fantasmagories idolâtres d'un véritable paganisme, il existe, selon nous, tout un monde.

La nature physique est un modèle d'ordre, soit qu'on la considère dans son essence terrestre et ses évolutions mathématiquement ordonnées, soit qu'on l'étudie et la pressente dans nos inspirations intellectuelles.

Nous trouvons dans cet ordre d'une double essence qui nous étreint, qui nous pénètre, qui nous commande, qui nous domine, la raison d'être d'une foi spéciale. Les sectes religieuses ne nous paraissent être, lorsqu'elles cherchent à s'imposer, que les combinaisons d'une stratégie sociale qui cherche pour but final une seule chose : la *Domination*.

Dans n'importe quels systèmes politiques dont on a pris la religion pour base de l'organisation intérieure, il n'y a pour colorer cette domination, l'objectif des gouvernants, qu'une forme qu'ils ont décorée du nom de *Religion* : mais si vous creusez bien à fond la marche, l'influence, les développements des voies et moyens employés, vous y voyez tout le contraire des sentiments qui servent de base à la véritable religion, c'est-à-dire : la charité et la dignité.

La *charité* vraie, c'est le désintéressement s'inspirant de l'utilité ; c'est l'allégement de son semblable comme étant le mobile de nos actions ; c'est la douceur, la bonté, presque la tendresse dans le bienfait, cette offrande de la compassion.

La charité, c'est le partage spontané des ressources dont le hasard vous a rendu possesseur, en passant sur la terre des souffrances, pour arriver jusqu'au cœur de ce frère de la même race, que ce même hasard a déshérité des faveurs si capricieuses de la fortune, que l'on a si bien affublée d'un bandeau, son symbole.

La charité, c'est la franchise sans arrogance ; c'est la satisfaction d'avoir fait son devoir, sans en chercher une récompense humiliante pour celui qui croit devoir s'abaisser, pour être reconnaissant.

Eh bien ! cette première qualité de la religion véritable, nous nous hâtons de le dire, elle est écrite dans le livre du Christ.

La *dignité*, qui est l'apanage de tous, c'est le second terme de cette puissance morale, intellectuelle, inspirée par la religion vraie, et qui en est le corollaire, parce qu'elle s'applique à l'homme religieux qui est charitable, et à l'homme religieux qui est secouru.

La *dignité*, ce n'est pas seulement cette douce fierté, ce légitime orgueil qui font de l'homme heureux un être dont la vie s'écoule sans lutte et sans obstacle, sorte d'égoïste spontané qui jouit sans analyser son bonheur ; la dignité, c'est le sentiment de sa valeur, non seulement pour soi-même mais encore pour les autres, ses semblables, et qui s'inspire de cette pensée qui grandit la personnalité généreuse jusqu'à la faire l'instrument du bien général ; qui relève son semblable pour relever notre race ; qui orne le spolié pour se retrouver lui-même dans l'ordre dont il est l'âme et l'inspirateur. C'est la solidarité ; c'est la sécurité ; c'est le bien-être universel ; non pas cette banale utopie dont les rêveurs naïfs ont cherché la solution dans les phrases, mais cette active sollicitude dont le pauvre curé Saint-Vincent de Paule a fait la légende de la religion généreuse, en abritant, contre

l'intempérie du climat et contre la mort, le pauvre petit enfant abandonné qu'il emporte sous un manteau, le véritable
drapeau de la dignité humaine !...

Pourquoi ne pas le dire : oui, cette autre partie de la religion, la *dignité*, elle nous vient tout droit de ce livre ad-
mirable : l'*Evangile*.

Donc, nous ne sommes pas irréligieux en demandant à
l'homme de prendre pour base ces merveilleuses inspirations
de la religion chrétienne, comme la base de nos institutions
humaines : mais c'est précisément parce que nous ressen-
tons ces principes dans notre âme, qui trouve dans l'organisation Républicaine leur seule application, que nous allons
prouver que ces personnages, qui enserrent le monde dans
leur filet, ont pris la forme religieuse et non le fond de la
religion comme élément de leur fatale, de leur implacable
domination.

*
* *

Nous l'avons dit :

Cela date de loin !...

En l'an 1491, en Biscaye, une femme, une grande dame,
châtelaine, voulait donner aux populations superstitieuses
qui l'entouraient le spectacle de l'humilité, et en même
temps faire un acte de foi qui reportât la pensée de ceux qui
l'assistaient vers le souvenir de la naissance du Christ.

Ce fut dans une étable du château de Loyola que naquit
en septembre 1491 l'enfant qui devint IGNACE DE LOYOLA.

Eh bien! nous n'hésitons pas à le dire : Quatre siècles se

sont passés qui ont fait de cet enfant le dominateur actuel du monde.

Nous l'affirmons ; et on va le reconnaître pour véritable :

Cet enfant, qui devint un officier, est le premier organisateur de cette légion immense, incalculable, toute puissante de nos jours en France, c'est-à-dire dans le pays où la lumière a été déposée par la main de Dieu, mais où elle finira par s'éteindre dans les ténèbres de l'*Armée noire*.

Le berceau de l'Eglise nouvelle, de l'Eglise des jésuites qui, si l'on n'y prend garde, effacera bientôt la Papauté elle-même, en se disant l'héritière de saint Pierre, saint Ignace étant son successeur véritable, ce fut le château de la Biscaye, le *Manoir de Loyola*.

L'enfant grandit.

Le fils de la châtelaine devait suivre et suivit la carrière des armes.

Mais, disent les légendaires de cet homme, dont ils préparent l'avénement au rôle divin — la *Providence le destinait* à devenir l'inspirateur, le Moïse moderne, et, dans un siége, Ignace de Loyola fut blessé grièvement ; il reçut, à la jambe gauche, une forte contusion, et sa jambe droite fut brisée.

Le malade fut transporté dans le château.

Il avait alors trente ans.

Sa vie n'avait pas été très orthodoxe : et les premières distractions que le malade désira furent des Romans de chevalerie.

Il n'y en avait pas au château.

Mais on lui apporta un livre qui devait exalter son esprit chevaleresque.

Ce livre est intitulé : *la Fleur des Saints*.

Qui l'eût dit!...

La *Fleur des Saints* devint l'inspirateur des *Monita secreta* des jésuites!...

*
* *

Ne croyez pas, lecteurs, que nous écrivons ce résumé de la biographie de notre héros pour le simple plaisir de vous raconter son histoire assez connue du reste : nous poursuivons un autre but; nous voulons en ce moment vous faire suivre, par la biographie de Loyola, les phases nécessaires de l'invasion de cette *armée noire* dont vous allez voir la formation.

Nous voulons surtout faire appel, en les initiant à la marche progressive de cette vie, dont chaque pas est, en quelque sorte, un enseignement, aux honnêtes gens, aux hommes de bonne foi, et les convier à l'organisation nécessaire, indispensable, urgente, d'une autre congrégation que celle de nos ennemis les plus dangereux, à la formation d'une LIGUE nouvelle, contre cette domination jésuitique qui veut nous envahir.

La mère d'Ignace de Loyola l'avait rendu superstitieux par l'adoration de la Vierge, dont la châtelaine avait imité la délivrance dans une étable, et dont elle se disait la sœur devant Dieu.

Ignace avait fait du culte qu'il pratiquait pour la vierge Marie une sorte d'inspiration extatique, à l'usage de son âme exaltée : une insulte portée à la Vierge le surexcitait au point de lui faire croire que venger l'injure faite à Marie était, pour lui, comme une vengeance filiale.

Un Maure avait, un jour, exprimé quelques doutes sur l'immaculation de la Vierge... Ignace de Loyola le frappa à mort.

Blessé sur le champ de bataille, transporté dans son château, renonçant au métier des armes, son premier soin fut, en rentrant dans ce manoir, de suspendre au chevet de son lit son poignard et son épée, en jurant de consacrer le reste de ses jours à la défense de la Vierge Marie.

*
* *

Ici nous entrons dans la partie mystique de la vie d'Ignace de Loyola, pour bien marquer le point de départ de cette légende envahissante qui va se développer « *ad majorem Dei gloriam* » et nous indiquer par quels moyens énergiques il faut le reconnaître, Ignace de Loyola fonda cette redoutable *Société de Jésus*.

Dans le calme forcé qu'il subissait sur son lit, le châtelain blessé dévorait donc la *Vie des Saints*, et son âme ambitieuse se reportait tout naturellement à cette vérité psychologique, que l'on ne peut arriver à dominer le monde que par deux moyens :

Ou la domination de la force brutale qui a fait les Alexandre, les César, les Charlemagne ;

Ou la domination de la pensée, en se faisant le propagateur de sa foi d'abord par des épreuves physiques sur sa propre personne, ce qui a toujours servi de gage et de caution au vulgaire sur le renoncement aux puissances de ce pauvre monde, et ensuite par la prédication, cette éloquence irrésistible du seizième siècle, qui bouleversa le monde entier au moyen de la parole.

C'était en outre, et surtout, le moyen qu'avait employé *Jésus-Christ*.

Voyez quel parallélisme dans les deux situations :

La mère d'Ignace de Loyola avait consacré sa vie à l'imitation qu'elle avait faite de la Vierge ;

Son fils voulut imiter le fils de Marie, dans ses agissements ; et le soldat blessé réfléchit, féconda, produisit bientôt toute une stratégie, dont la formation de l'*armée noire*, telle qu'elle existe de nos jours et qui est son œuvre, fut le résultat.

Jésus-Christ s'était retiré dans le jardin des oliviers pour méditer sur les voies et moyens qu'il devait employer pour faire adopter au monde les principes de sa religion : La Retraite fut donc le premier mode d'agir d'Ignace de Loyola.

*
* *

Il existe en Espagne un de ces endroits pittoresques qui abondent dans ce beau pays, mais où la nature a des aspects sombres et presque effrayants : cela s'appelle *Manresa*.

C'est là, dans cet asile impénétrable, que Loyola convalescent acheva sa guérison.

Les saints ont presque tous suivi le même régime : le *Pain et l'Eau*, pour toute nourriture ; et lorsque je me re-

porte à cette abnégation complète de toute jouissance maté-
rielle, aux privations de toute espèce qu'ils s'imposaient, à
cette discipline qu'ils s'infligeaient, trois ou quatre fois par
jour (ce que ne manqua pas de faire Ignace de Loyola);
lorsque je vois le brillant officier, devenu l'anachorète de
Manresa, jeûner pendant six jours, et se réconforter le sep-
tième jour en mangeant des *herbes cuites*; lorsque pour son
lit il choisit la terre; lorsqu'on le voit mendiant par les *pue-
blos* voisins de Manresa, et devenant la risée des polissons,
qui lui courent *sus* en criant haro sur l'ermite; quand il se
sauve dans la montagne, et, prenant des cailloux dans sa
main se frappe la poitrine à la déchirer; lorsque saisi d'une
mélancolie noire, cet ascète a des visions, fruits calculés de
toutes ses souffrances; et qu'alors il prend la plume pour
écrire, sous la dictée d'un révélateur inconnu, mais dont il
constate l'évocation et la présence, ses fameux *Exercices
spirituels* : je me dis qu'en conscience, Ignace de Loyola,
revenant sur la terre et jetant les yeux sur ses adeptes, tels
qu'ils jouissent de la vie, de nos jours, pourrait se demander
si c'est bien là le but qu'il se proposait, en s'imposant si
volontiers de pareilles souffrances.

Mais poursuivons; car le système de cette domination
dans le monde est tout entier dans l'existence de cet illu-
miné.

C'est en 1521 que sa blessure l'a réservé à ces destinées
étranges :

Or, c'est en 1524 que sa mission de propagande va com-
mencer, à la suite de ce noviciat d'ascétisme auquel il s'est
voué pendant trois ans.

Manresa n'est pas loin de Barcelone.

C'est là qu'Ignace de Loyola se rend pour consacrer, par la prédication de doctrines longuement méditées, le système qu'il a conçu.

On s'émeut de ses tentatives : il forme des prosélytes à la loi de domination qu'il a voulu fonder : on le poursuit; on le pourchasse; on l'exile.

Presque tous les hommes persécutés ont réussi : l'exil leur donne des forces véritables qu'ils n'eussent pas trouvées en restant dans le centre même de leurs élucubrations.

Soit par imitation de ce qui arriva lors de la fuite du Christ ; soit parce que c'était, à l'époque d'Ignace de Loyola, le principal moyen de transport le proscrit partit de Barcelone, *poussant devant ses pas un âne*, chargé de ses livres ; et ce fut en France qu'il fit ainsi son entrée et daigna jeter son dévolu.

Tout, dans cette marche ascendante de la propagande d'un plan médité sous la puissance que donnent les privations et l'abstinence contemplative, tout est logique ; tout s'enchaine; et nous arrivons au moment où l'ancien capitaine va révéler au monde entier sa stratégie militaire ; car, disons-le nettement, c'est dans la forme même de ses institutions primordiales que nous trouvons ce titre d'*armée noire*, dont nous allons ici développer la puissante organisation; et, notez-le bien, mes pauvres chers et légers compatriotes, vous ne vous apercevez pas, dans la vie frivole et stérile que vous vous êtes faite, que vous êtes entourés, surveillés, encerclés, par ces *sentinelles noires*, dont le mot d'ordre se trouve écrit au frontispice d'une *Bulle*, délivrée en 1541, par Paul III, le pape, malgré l'avis contraire du cardinal Guidiccioni, qui s'y opposait énergiquement, Bulle intitulée :

Regimini militantes ecclesiæ jesuitarum (*Regiments* militants de l'Eglise des jésuites) : Militants, entendez-vous ?

Après avoir, depuis 1528, au jour de sa fuite en France, tour à tour habité le collége Montaigu, puis Sainte-Barbe, puis les Jacobins à Paris, après avoir formé la *messe d'union* avec des partisans choisis ; constitué son institut à Rome, où il arriva en 1538 ; c'est bien à Rome, en 1540, que cet homme, saisi d'une haine profonde contre l'humanité qu'il méprise, et voulant en faire l'instrument d'une domination militaire, morale et religieuse ; c'est à Rome que son armée s'organise ; à Rome que les « *régiments militants de l'Eglise des jésuites* » se forment ; c'est à Rome que le pauvre pape Paul III, fasciné, enveloppé, annihilé, se laisse complétement envahir ; et qu'il permet qu'Ignace de Loyola se place auprès de lui, comme le *général* de ces *régiments militants*, avec le fameux Lainez, son coadjuteur, c'est-à-dire son aide de camp.

Or, il y a de cela, notez-le bien, TROIS CENT TRENTE-DEUX ANS ! !

Et vous allez voir si l'organisation n'en est pas complète ; si elle n'est pas d'une puissance sans égale ; si elle ne commande pas, de nos jours, au Gouvernement de la France, quel qu'il soit, dans un moment pareil à celui où nous avons le malheur de vivre, une énergie d'action, une décision dont nous ne voyons, autour de nous, *aucun homme capable !* (Mais cela viendra.)

Car, rien ne serait plus facile à mâter, que cette *armée noire* si redoutable !... quand elle a pour elle le gouvernement ; et qui s'enfuit ou se cache, comme la taupe, sous terre, quand le pouvoir la menace de déjouer ses perfidies... Béranger l'a dit : *Hommes noirs!... d'où sortez-vous !!*

Voyons quelle en est l'organisation.

*
* *

Nous ne pouvons, dans cette brochure, écrite au courant de la plume, et surtout quand notre célèbre éditeur nous renferme impérieusement dans le cercle étroit de trente-deux pages!! nous ne pouvons que nous joindre à la phalange des protestations qui cherchent à sauver notre pays d'une révolution terrible, dont la cause est la tentative impie, antipatriotique, d'une *Restauration;* nous ne pouvons donner aucun développement sur cette organisation si puissante, qui sortit toute armée du cerveau d'Ignace de Loyola, et qui veut rétablir l'ancien régime... *quoiqu'on en dise!!* D'ailleurs, nous n'avons, pour en faire ressortir tout l'odieux, qu'à renvoyer nos lecteurs aux admirables pages de Pascal, aux discours de Montlosier, aux éloquentes dissertations de Portalis et de Dupin, aux philosophes, aux politiques, qui défendaient même la monarchie!

Mais, en deux mots, en un coup d'œil, nous pouvons parcourir et dire ce que contient ce chef-d'œuvre d'organisation.

Si les sociétés humaines qui ont voulu fonder le *Bien* avaient pu rédiger et appliquer, pour le réaliser, des statuts aussi féconds que les statuts de la *Compagnie de Jésus,* le pouvoir de cette ligue, faite pour le bien, aurait brisé dans ses développements, cette Société dont la DOMINATION, c'est-à-dire le *Mal*, est l'objectif et la fin souveraine.

Un *général*, un *vicaire général*, et des *assistants*, forment l'état-major de la Compagnie.

L'univers entier est partagé en provinces : Dans chaque province est un *gouverneur provincial*, ayant sous ses ordres des *vice-provinciaux*.

On recrute des *novices*, lesquels sont organisés en cinq classes.

La direction générale, gouvernée par l'état-major, a ses gradués qui, proportionnellement, se divisent le pouvoir sous la direction exclusive, absolue, sans appel, d'un pouvoir central qui ordonne et devant qui tout fléchit, tout s'incline, tout obéit, sur un mot d'ordre, sur une consigne, sans jamais faire la moindre observation,

« *Perinde ac cadaver* ! »

« *Comme un cadavre.* »

Et voyez la formule :

Ne croyez pas que, même pour entrer dans cette armée, le simple soldat, c'est-à-dire l'*écolier approuvé* (premier degré de l'ordre) ne doive pas subir une première *révision* comme dans toute armée laïque.

Il faut, dit le statut « qu'il ait un bon naturel, une bonne » santé, un beau physique. »

Un bon naturel, pour obéir sans observations aux injonctions données ;

Une bonne santé, pour être en mesure de subir les fatigues, les travaux, qui vont s'ajouter à ceux des professions laïques, dans le milieu desquelles entrera le soldat de l'Armée noire ;

Un beau physique, pour séduire, et cela dans toutes occa-
sions où la captation, où l'entraînement des vices, sanctifiés
toujours par le but proposé, seront employés sur les femmes,
entraînement si important dans l'asservissement de la race
humaine.

Il ne faut, à l'Ordre, aucun de ces hommes qui ont renié
leur religion ou qui auraient voué leur conscience à quelque hérésie :

Les *renégats*, les *hérétiques*, sont des imbéciles ou des
fanatiques ; ils ont l'esprit faible, soit par leur insuffisance,
soit par leur exaltation ; ces gens-là sont à craindre... à
moins, disent encore les statuts... « qu'ils ne soient gens de
talent ou de grands biens... »

L'homme de talent peut être conquis par la flatterie : le
piédestal de la vanité peut être érigé, en sa faveur ; c'est l'affaire de la Compagnie ;

Le riche peut être... *annihilé*, et cela dans un moment
où quelque donation puissante, quelque riche succession,
aura été cédée, dans un moment de repentir savamment
ménagé... « *ad majorem Dei gloriam.* »

Pour former les *Ecoliers approuvés*, on y met le temps :

Ce n'est qu'au bout de deux ans qu'on est soumis à un
premier *examen de conscience* (conscience bien et durement
façonnée), c'est l'obéissance passive, l'abdication de toute
responsabilité personnelle devant les ordres donnés, la sou-
mission *cadavérique* dont nous parlions ; cela fait, le noviciat recommence et dure encore une année.

On essaie le novice ; on l'envoie prêcher dans les petites
localités. — Nous en avons entendu, dans quelques petites
églises du Midi, tonnant au milieu des pauvres femmes, et

les conviant à se rattacher par un serment, qui leur assure la rémission de leurs péchés, à la Compagnie dont le centre directeur est à Paris, dans une église très célèbre.

A son retour, le novice est enveloppé dans un serment solennel de *vivre et de mourir* pour la Compagnie : il en est l'homme-lige ; il ne peut quitter la Société de Jésus ; il lui appartient, corps et âme ; on le lie, en outre, par des *vœux secrets*.

L'*Ecolier approuvé* peut être employé comme régent.

Viennent ensuite les *Coadjuteurs spirituels*, qui occupent les rangs élevés de la Société, à laquelle ils sont liés par des *vœux publics* ; puis, les *Profès du quatrième vœu* ; ceux-là peuvent être admis aux secrets intimes : ce sont les confidents et les propagateurs.

Voilà le résumé, bien abrégé, de cette vaste société secrète, tolérée, que dis-je !.. patronée, enrichie, propagée par des hommes placés dans les plus hautes fonctions de l'Etat ; dans toutes les professions ; dans toutes les avenues de la société laïque ; vivant de notre vie, sans que nous le sachions ; épiant nos actes, nos pas, nos paroles ; sorte d'*agents d'une police occulte* qui sait tout, qui a sa main puissante partout ; qui, préfets, magistrats, ingénieurs, officiers de l'armée, soldats, sont classés, étiquetés, enregistrés, incorporés dans la *Société de Jésus*.

N'allez pas croire que, depuis l'an 1560, époque où les séides espagnols d'Ignace de Loyola furent envoyés en France, ils aient, un seul moment, cessé d'exercer leur infernale domination !

Si nous avions la place ; si nous avions le temps de vous faire suivre le filon de leurs voies et moyens, vous les verriez: simples écoliers, obtenant des lettres-patentes de Henri II, sur la recommandation du cardinal de Lorraine... Que voulez-vous refuser à des hommes qui se placent sous la vivifiante égide de l'éducation, de l'instruction, de la religion.

Ce fut le point de départ, et, en 1565, lorsque l'hidalgo Ignace de Loyola mourut, la Société fondée par la bulle de 1541 avait, en vingt-quatre ans seulement, fondé douze provinces, plus de cent colléges, et une quantité d'autres maisons.

A dater de cette époque, les jésuites se retrouvent partout.

Lisez, lisez leurs œuvres, et si, dans les *Monita secreta* vous ne retrouvez pas les éléments puissants d'une organisation pour qui tout est bon, même l'assassinat, avec cette mémorable maxime : « *la fin justifie les moyens!* », vous vous refusez à l'évidence, ou vous êtes enveloppé.

Qu'ai-je besoin de rappeler les crimes dans lesquels la main du jésuitisme a laissé sa trace de sang!

Rappelez-vous ses querelles avec le Parlement, qui ont prouvé son intervention dans les scènes sanglantes de la Saint-Barthélemy, et dans les régicides, lorsque la royauté s'est permis de s'opposer à son envahissement.

La Société plaça auprès des rois des confesseurs comme Edmond Auger, Claude Mathieu, provincial de Paris.

La Ligue se forma : son comité directeur, de cinq, près de dix membres, se recruta dans la maison des jésuites, rue Saint-Antoine.

Lisez le grand historien de Thou, et vous verrez comme

il traite les jésuites Odon, Pigenat, et d'autres, « ces ligueurs furieux, aussi fanatiques que des corybantes » ;

Lisez Arnault, qui les appelle les « tigres les plus cruels qui furent jamais! »

Henri III est assassiné par eux.

Plus tard, ils cachent des vivres dans Paris affamé, et les portes de Paris s'ouvrent à Henri IV, le jour où le roi mécréant prononce ce mot mémorable : « *Paris vaut bien une messe!* » : Mais son incrédulité reprenant le dessus, et ses ministres, Sully en tête, surprenant les jésuites dans le complot de Jean Chatel, et dans vingt autres conspirations contre la vie du roi, Henri IV est frappé par eux... Ravaillac leur appartenait.

On les avait expulsés ; le poignard de Ravaillac les vengea.

Mais bientôt Marie de Médicis renouvelle leurs lettres-patentes (1610) juste au moment où paraît le livre célèbre de Mariana, prêchant le régicide ;

Et pourtant, en 1644, le père Herçau ne marchande ni ne cache le pouvoir de la Société.

Il prêche tout haut qu'on peut déposséder les rois !...

Alors, Pascal les attaque... Et, chose étrange!... Louis XIV permet que les *Provinciales*, qui les signalent, soient brûlées, à Bordeaux, par la main du bourreau.

Rien ne les arrête.

La royauté ; la suprême, la souveraine royauté du grand roi s'y est heurtée : elle a été vaincue.

Les jansénistes avaient osé les combattre ; ils y ont succombé.

Louis XV a pris contre eux l'arme de la frivolité ; il a été assassiné par eux ! !

Tout cela — c'est de l'histoire...

Et savez-vous pourquoi, de nos jours, cette armée noire nous enveloppe, nous menace, veut nous rendre un roi qui est leur homme-lige ; c'est qu'ils ont à venger, sur la France de 1789, la Révolution qui les a chassés, qui a repris leurs biens, leur fortune usurpée.

Ils se souviennent ; ils savent que le premier empire, en 1806, sous le ministre Portalis, les a chassés (car... ils étaient revenus dans cet intervalle de 1789 à 1806).

Ils veulent reprendre l'autorité que la première Restauration leur avait rendue.

Louis XVIII, guidé par une tolérance faible et légère de philosophe, leur avait permis de revenir, toujours sans éclat, comme ils font toute chose ; ils purent bientôt reconquérir leur pouvoir sous Charles X.

Louis-Philippe avaient accepté leur expulsion en principe ; mais le régime bâtard de cette monarchie, dite constitutionnelle, ne pouvait rien contre les menées souterraines de cette étrange et sourde domination qui marche, marche, marche toujours...

Elle a ses avenues, ses allées, ses galeries, où le soldat noir qui a pris la couleur des ténèbres mine en dessous la société laïque et philosophique, son ennemie.

La République de 1848 pouvait les détruire ; mais comment faire ? Ils allaient, bénissant les arbres de la liberté !

Enfin, est arrivé l'Empire !... le second Empire !...

Certes, l'empereur Napoléon III, qui leur a rouvert les portes, qui a toléré leur rétablissement, qui a laissé se reconstituer leurs colléges, leurs maisons, leurs couvents, Napoléon III a pu s'apercevoir, trop tard, qu'il avait introduit en France des ennemis implacables.

Quand l'histoire des vingt années de l'empire pourra, sans réticence, être écrite, on verra les menées occultes préparées, en plein empire, par cette armée, pour ramener en France le gouvernement de la Restauration, c'est-à-dire le gouvernement de la Camarilla qui a cru se rendre maîtresse de la France en 1830.

*
* *

La guerre a décimé notre pauvre patrie !...

Voyez ce qu'ont fait les soldats de l'armé noire ; voyez ce qu'ils veulent accomplir :

L'invasion des Prussiens une fois faite, par cette abominable brèche qui s'est ouverte devant le torrent : la TRAHISON ! il fallait régler les conditions de la paix !...

C'était bien là le but, *le seul* que devait atteindre l'Assemblée nationale, élue sous la pression des armées prussiennes, en quelques jours.

Un homme d'État, qui s'est toujours signalé par son patriotisme inaltérable à son pays, M. Thiers, a pu, grâce à son immense habileté, ses infatigables efforts, son dévouement sans borne, faire sortir des trésors pour libérer notre patrie, comme le Dieu de la Fable faisait sortir des soldats de la terre, en frappant du pied !...

Pendant cette période, pendant que d'une main M. Thiers trouvait cinq milliards ; et de l'autre comprimait la guerre civile (cette sanglante tragédie dont il faudra bien, quelque jour, découvrir les rouages occultes), que faisaient les associés de saint Ignace de Loyola ?

Ils profitaient de cette surprise électorale pour produire dans les châtellenies l'élection de ses adeptes à l'Assemblée nationale ;

A Bordeaux, on reconnait la stratégie de l'état-major de l'*armée noire* ;

On pose, devant la nation, une simple équivoque ; on n'ose pas aborder franchement, carrément, la question du pouvoir constituant ;

On se contente de régler la grande question d'urgence, la question d'argent ;

On se tait alors sur le caractère définitif, sur la forme du gouvernement ;

Mais néanmoins, comme la République a été proclamée et reconnue par l'acte même qui convoquait les colléges électoraux, la Société de Jésus se compta dans l'Assemblée, vit qu'elle était en nombre suffisant pour gagner du temps, et consentit à ce fameux pacte de Bordeaux qui, parmi ses clauses, portait à la présidence de la République M. Thiers, notre libérateur, acclamé comme tel par les *soldats noirs* eux-mêmes, qui ne tremblaient plus, et qui reprenaient peu à peu possession de leurs établissements (respectés par les Prussiens et, chose étrange, plus tard, par la Commune !)

*
* *

Le crédit de la France se signalait avec un tel éclat, que jamais aucune nation n'a prouvé sa puissance d'une façon plus éloquente.

A qui le devait-on? à M. Thiers, et disons-le parce que cela est vrai, à M. Thiers, *président de la République*.

Qu'on nous dise, la main sur la conscience, si cette camarilla jésuitique, dont le gouvernement issu de la coalition du 24 mai est sorti, s'était trouvée au pouvoir, à Bordeaux; si M. le comte de Chambord eût alors déchiré sa légende et se fût présenté à la France escorté même des *teinturiers tricolores* de son drapeau blanc (1); qu'on nous dise si MM. Chesnelong, Belcastel, Dahirel, de Kerdrel, et autres *Donjoniers*, sortis de leurs manoirs, couverts d'une poudre inerte quarantenaire, et armés d'un goupillon, prenant place au canapé de MM. de Broglie et autres vaniteuses personnalités stériles, qu'on nous dise, la main sur la conscience vraie et non *more jesuitico*, si le crédit des cinq milliards, plus les quarante millions de MM. d'Orléans (ces *pauvres hommes!!!*), se seraient élancés des plus humbles caisses pour délivrer la patrie, la patrie reconquise ainsi, par les alliés de 1815 et les égorgeurs de 1870, « *ad majorem Dei gloriam* » et au profit de la Restauration jésuitique du cabinet de 1830, rétabli sur le trône de 1815!!

Non! *l'armée noire* se cachait alors.

Non! elle ne se fût pas montrée, avec cette arrogance qui fait que partout, à Paris, à Lyon, à Toulouse, à Bordeaux,

---

(1) La lettre de M. de Chambord est venue prouver que leur nouveau drapeau était *faux teint*.

à Perpignan, vous ne rencontrez plus que ces *soldats tout de noir habillés*, l'œil en feu, la pelure de la joue rosée, « *l'oreille rouge et le teint bien fleuri,* » dit Molière.

L'armée noire pourtant, soyez-en bien sûrs, ne restait pas inactive.

Elle suivait, dans ses mille replis tortueux, cette *pieuvre cléricale*, les sentiers de sa stratégie souterraine; la France, toujours loyale, sincère, recevait des mains de M. Thiers, alors abusé, trompé, fasciné lui-même, des administrateurs dont on lui cachait habilement l'origine.

Nous en citerions, nous en désignerions facilement, de ces préfets, de ces sous-préfets affiliés à la Société de l'armée noire et qui, avant le 24 mai, se sont insinués dans les premiers postes préfectoraux, pour trahir la République, en se faisant recommander à M. Thiers et à ses agents intimes sous la protection d'un *conservatisme* qui n'était autre chose qu'un masque.

Ces hommes, le 24 mai les a pris au pouvoir où la Société de Jésus les a placés; et, pour le moment, les voici conspirant à ciel ouvert, et préparant souterrainement quelque abominable surprise, pour renverser la République et lui substituer le pouvoir occulte, envahissant, immense des

« *Regimini militantes ecclesiæ jesuitarum...* »

*
* *

Soyez-en sûrs, on veut faire triompher :
Les honteuses concessions de la *fusion* (honteuses, nous

le répétons, puisque les princes de la famille d'Orléans condamnent ainsi leur père qui publia le déshonneur de la mère du Roy jésuite qu'on nous annonçait);

La patience hypocrite de cette partie de l'Assemblée conduite par les *provinciaux de l'armée noire*, silencieuse jusqu'à la libération du territoire;

Les abominables calomnies lancées contre M. Thiers, qu'ils ont appelé le *sinistre vieillard*, au lendemain même du jour où ils l'avaient proclamé notre libérateur;

Tous ces serments violés; ces bouleversements administratifs; ces mesures répressives contre la presse républicaine, faisant contraste avec la propagande des principes de l'ultramontanisme; vous avez devant les yeux une audace qui deviendra lâcheté, le lendemain du jour où le parti de l'ordre véritable, affirmé par MM. Thiers, Grévy, de Rémusat, Casimir Périer, et secondé par les anciens républicains (les premières victimes de la guerre civile), se lèvera pour écraser cette ARMÉE NOIRE!

Oui, l'*armée noire*, c'est l'armée de l'hypocrisie, du régicide utile à ses intérêts, de l'ignorance crasse ou du fanatisme savant, passés à l'état d'instrument populaire pour atrophier les intelligences; en un mot, c'est l'ARMÉE DU DÉSORDRE MORAL qui ne voit pas d'autre remède à nos souffrances que la guerre civile; le soulèvement certain de la France républicaine contre une agglomération factice qui s'est appelée MAJORITÉ! coalition impie qui a tout entravé depuis six mois.

*
* *

Soyez-en sûrs, mes chers compatriotes, la conspiration vient de là.

Là, seulement, est le danger : et ne l'oubliez pas : cette puissance est terrible, quand le pouvoir la soutient.

Elle ne s'arrête que devant le pouvoir qui la chasse.

La Suisse nous en a donné l'exemple : et l'Italie, et l'Allemagne, et l'Angleterre, et l'Espagne, se sont affranchies. Or, c'est chez nous, au milieu de nous, que l'*armée noire* est venue se réfugier.

Prenez garde !.. cette armée veut rétablir la *monarchie dite de droit divin, même après la lettre,* pour nous replacer absolument dans la même position qu'en 1814.

Alors aussi, l'on avait donné sa parole de rétablir en France la liberté de penser, de parler et d'écrire !...

Et le lendemain même de cette promesse, sous le Roi Louis XVIII, homme éclairé, libéral, affranchi par ses études philosophiques des liens de la Société fondée dans le xvie siècle, les cours prévotales, l'échafaud politique, les menées sourdes du jésuitisme furent mis à l'ordre du jour.

Alors, comme aujourd'hui, cela s'appelait l'*Ordre moral...*

Puis le roi philosophe mort (on ne le tua pas celui-là... il était si malade)... le vieux Charles X, diable devenu ermite, fit alors rentrer, toutes armes déployées, la même et semblable armée noire qui se pavane en ce moment autour du trône restauré dont on veut nous doter... « *ad majorem Dei gloriam !* »

Mais non ! cela ne sera pas.

Nous ne redoutons pas, quant à nous, l'appel au pays.

La dissolution de l'Assemblée est inévitable.

Les élections répondront par ces deux mots :

La République ;
L'expulsion de l'armée noire.

*
* *

Encore un mot sur la situation, et j'ai fini.

J'ai sous les yeux une brochure très remarquable : *Empire ou Royauté*, par M. Paul de Cassagnac.

Certes, je ne suis pas bonapartiste, et je ne connais pas l'auteur. Seulement, j'ai trouvé, dans cette brochure, deux choses : une science historique qui me prouve que M. Paul est de l'école savante de son père que j'ai connu, il y a quelques vingt-cinq ans, alors que M. Granier de Cassagnac se rangeait parmi nos historiens les plus érudits.

L'auteur dont je parle sape dans sa base cette légende absurde, fausse de tous points, bonne à préoccuper les vieilles douairières ou les enfants élevés par Loyola, la légitimité. Lisez la brochure de M. de Cassagnac — vous serez édifié. — Voilà pour la science.

Un autre cachet de ce traité, c'est, je m'empresse de le dire, une grande loyauté...

M. Paul de Cassagnac est très attaché à la famille ex-impériale, et j'estimerai toujours les dévouements.

Il croit, en outre, c'est sa foi, au système impérial : je ne suis pas du tout de son avis — c'est affaire de discussion à remettre :

Mais, là où je le trouve loyal, c'est dans le mode qu'il veut appliquer en modifiant par un appel à la nation, non pas seulement l'avénement à un trône que la nation peut refuser, mais encore à la consécration périodique par quelques intervalles déterminés du mandat, si la nation l'avait donné.

Seulement, que M. Paul de Cassagnac me permette de lui soumettre mon objection :

Du moment qu'à côté du mot *dynastie* il place le renouvellement du pouvoir et efface le mot *pérennité*, il fait, en plein, de la république ;

Et nous sommes d'accord.

Que résulte-t-il pour moi de l'énonciation que je fais de cette pensée ?

C'est que les *bonapartistes* se rappellent peut-être qu'avant d'être l'empereur Napoléon, le premier de ce nom fut le général, l'illustre général Bonaparte — un républicain. C'est, en second lieu, que, parmi les bonapartistes, il y a des hommes de talent et de progrès.

Or, quant à moi qui suis, je le crois, un vrai républicain, qui dois mon opinion à l'étude que j'ai pratiquée en Suisse des institutions républicaines ; moi qui admire les institutions américaines dont j'ai approfondi les merveilleux rouages, je ne repousse pas les hommes qui s'inclinent devant le suffrage universel, devant la souveraineté du peuple.

Hélas ! bien des partisans de l'empire déchu, j'en suis sûr, ont mêlé leur sang, leurs larmes, leur dévouement aux nôtres à l'époque fatale de la guerre ; et ils ont reconnu les fautes commises.

Or, je ne repousserai jamais des concitoyens qui mettront entre eux et moi le lien du patriotisme et de la loyauté.

C'est avec cela que nous fonderons une république. Soyons chrétiens, si nous ne sommes pas jésuites.

Tenez, et je termine par ces mots :

On sait que je suis, depuis trente ans, dévoué à M. Thiers.

J'ai toujours professé auprès de lui mes opinions républicaines, il le sait.

Or j'ai souvent trouvé dans le parti républicain des hommes d'une grande loyauté, d'une valeur incontestable qui me reprochaient mon dévouement à M. Thiers.

Je leur disais : M. Thiers nous sauvera tous, vous reviendrez de votre antipathie.

Aujourd'hui, M. Thiers est le défenseur de la seule forme de gouvernement qui puisse sauver la France, et ces républicains l'ont proclamé.

Qu'il soit secondé; que les hommes généreux des divers partis de l'Assemblée se rallient autour de lui ; qu'ils imitent MM. Casimir Périer, de Rémusat, et les députés de la gauche.

Le scrutin va s'ouvrir.

L'Assemblée a charge d'âme : qu'on songe à former un parti national qui constitue la République, et la France sera bientôt vengée.

A. LAYA.

2597.73. — Boulogne (Seine). — Imprimerie JULES BOYER et Cie.

www.ingramcontent.com/pod-product-compliance
Lightning Source LLC
Chambersburg PA
CBHW061356050726

47595CB00005B/2281